Alfred Brückner

Von den griechischen Grabreliefs

gearbeitet auf Grund des akademischen Apparates der Sammlung der Grabreliefs

Alfred Brückner

Von den griechischen Grabreliefs
gearbeitet auf Grund des akademischen Apparates der Sammlung der Grabreliefs

ISBN/EAN: 9783743464834

Hergestellt in Europa, USA, Kanada, Australien, Japan

Cover: Foto ©ninafisch / pixelio.de

Weitere Bücher finden Sie auf **www.hansebooks.com**

VON DEN
GRIECHISCHEN GRABRELIEFS.

GEARBEITET AUF GRUND DES AKADEMISCHEN APPARATES
DER SAMMLUNG DER GRABRELIEFS.

VON

ALFRED BRUECKNER.

(MIT EINER DOPPELTAFEL IN LICHTDRUCK UND FÜNF TEXTABBILDUNGEN.)

WIEN, 1888.

IN KOMMISSION BEI ALFRED HÖLDER
BUCHHÄNDLER DER KAISERLICHEN AKADEMIE DER WISSENSCHAFTEN
WIEN, I., Rotenturmstraße 13.

Aus dem Jahrgange 1888 der Sitzungsberichte der phil.-hist. Classe der kais. Akademie der Wissenschaften (CXVI. Bd., 1. Hft.) besonders abgedruckt

Druck von Adolf Holzhausen in Wien,
k. k. Hof- und Universitäts-Buchdrucker.

1.

Vor anderthalb Decennien etwa befanden sich in Athen in demselben Besitze die beiden auf beiliegender Doppeltafel wiedergegebenen Marmorgefässe, welche in der Form der Lekythoi einstmals als Grabmonumente gedient haben. Sie wurden in der Nähe Athens gefunden. Heute steht das eine *(A)* im königlichen Museum zu Kopenhagen, über den Verbleib des andern *(B)* wissen wir nichts zu sagen.

Die Maasse der beiden Vasen weichen von einander nur geringfügig ab. An *A* ist der Vasenkörper 0,365 hoch, er ist da, wo an das Gefäss der Fuss ansetzen sollte, abgebrochen; die Höhe des Reliefs beträgt 0,195, die Höhe des Halses mit der in richtigem Verhältniss ergänzten Mündung, die auf unserer Tafel weggelassen ist, 0,37. An *B* ist der Ausguss antik, der Hals bis zur Mündung misst 0,38, der Vasenkörper, nur wenig weiter nach unten erhalten als bei *A*, ist 0,40, das Relieffeld 0,20 hoch. Das Material wird von Postolakkas nur als weisser Marmor bezeichnet.

Auf *A* sitzt links ein bärtiger Mann und vor ihm stehen zwei Frauen. Der Stuhl, auf dem er in das Himation gehüllt sich niedergelassen hat, ist der bequeme attische mit der runden Lehne und den ausgebogenen Beinen. Während seine linke Hand einen langen Stab fasst, reicht er die Rechte einer weiblichen Gestalt, welche ebenso wie die hinter ihr in der üblichen

Tracht der freien attischen Frau erscheint, im langen Chiton und Himation; der Chiton der vorderen ist mit Aermeln versehen, wie an dem rechten Oberarm zu erkennen ist. Bei der ersten liegt die linke Hand verhüllt unter dem Mantel, bei der zweiten ist sie frei; die Rechte der zweiten Gestalt fasst den Saum des Himations und zieht es vor die Schulter.

In der zweiten Vase ist die Darstellung auf den sitzenden Alten und die Frau, die ihm die Hand gibt, beschränkt. Er sitzt auf dem nämlichen Stuhl und legt die Linke in den Schooss. Das Haar dieses Mannes reicht länger in den Nacken hinab wie auf A und erscheint welliger, weicher. Indem die Frau den Kopf zu ihm neigt, rundet sich die Scene ab und gewinnt so vor der erweiterten Darstellung der anderen Lekythos.

Aus beiden Reliefs, deren Höhe so gut wie identisch ist, athmet dieselbe Ruhe, dieselbe Einfachheit. Aber ihre Aehnlichkeit beschränkt sich nicht auf die allgemeinen stilistischen Merkmale der Epoche, in welcher sie entstanden: nicht allein auf das flache Relief, auf die würdige Haltung der Figuren, auf den gleichen Grad von Anmuth und einfacher Folgerichtigkeit der Gewandlinien und auf die Handwerksmässigkeit der Ausführung, Eigenschaften, welche sich an den attischen Reliefs der ersten Hälfte des vierten Jahrhunderts von ähnlicher Grösse und gleicher Bestimmung allenthalben finden, sondern die Uebereinstimmung geht derart bis in die Einzelheiten hinein, dass wir auf die Annahme eines ganz besonders nahen Verhältnisses dieser beiden Vasen geführt werden. Man vergleiche unter einander die saubere Arbeit der Hände, an denen die Finger trotz ihrer Kleinheit noch lebhaft bewegt erscheinen. Die ziemlich übereinstimmenden Formen der Gefässe führen zu demselben Ergebniss. Der Vasenkörper, für eine Marmorlekythos an seinem oberen Rande breit und schwer, verjüngt sich gleichmässig in elliptischem Umriss. Die Relieffelder sind an ihm in derselben Höhe angebracht. Eine flache Schulterfläche erhebt sich über dem Körper der Vase; aus ihr steigt zierlich der schlanke Hals auf, zu dem der Ausguss des Gefässes nur in dem verschollenen Exemplar erhalten ist.

Und die Inschriften? Auf A las Postolakkas links über dem Kopfe des sitzenden Mannes

ΦΙΛΟΥΡΈΟΣ   Φιλούρ(γ)ος
                    sic
ΕΥΘΟΙΝΟΥ   Εὐθοίνου
ΠΕΙΡΑΕΥΣ   Πειραεύς [1]

vor dem Kopfe der Figur in der Mitte

NIKAPETH   Νικαρέτη
ΦΙΛΟΥΡΓ (hinter dem Kopfe) ΟΥ   Φιλούργου
ΘΥΓΑΤΗΡ   Θυγάτηρ

und von dem Kopfe der Figur rechts an beginnend ΚΑΛΛΙΠΙΙΙΙ ΚΑΛΛΙΜΑΧΟΥ Καλλίππη Καλλιμάχου. Auf *B* steht unmittelbar über dem Kopfe des Mannes

ΦΙΛΟΥΡΓΟΣ ΠΕΙΡΑΕΥΣ
ΕΥΘΟΙΝΟΥ

rechts neben dem Kopfe der Frau

ΚΑΛΛΙΠΠΗ
ΚΑΛΛΙΜΑΧΟΥ

Vom Kopfe der Frau reicht weit um den Körper der Vase herum die zweimal unterbrochene Inschrift

ΦΙ ΛΗΦΙΛΟΥ ΡΓΟΟΥΓΑΤΗΡΙ sic
Φίλη Φιλούργου θυγάτηρ.

Die Namen des Philurgos und der Kallippe schliessen sich am engsten an die Darstellung von *B* an und sind also die zuerst beigeschriebenen; sie scheinen von demselben Meissel herzurühren und haben beide zwischen den einzelnen Lettern gleichen Zwischenraum. Weitergestellt sind die Lettern der späteren Inschrift der Phile. Ein vierter Name steht in einiger Entfernung von dem Stuhle des Greises gedrängter als die anderen:

ΑΜΦΙΝΟΥΣ ΦΙΛΟΥΡΓΟΥ
ΠΕΙΡΑΙΕΥΣ [2]

Die Orthographie Φίλη Φιλούργο θυγάτηρ lässt für die Zeit der Nachträge mit Wahrscheinlichkeit auf die erste Hälfte des

---

[1] Ussing hat die Inschriften von *A* publicirt in *Vidensk. Selsk. Skr.*, 5te Raekke, *Historisk og philosophisk Afd.*, 5te Bind. III (1884), p. 169. Seine an sich nicht wahrscheinliche Lesung Φιλθύριος Φυθοίνου wird durch Postolakkas sowohl wie durch den ganzen Zusammenhang widerlegt.

[2] Die Inschriften von *B* sind, soviel ich weiss, noch nicht veröffentlicht. Der Umstand, dass Kumanudes sie nicht hat, macht wahrscheinlich, dass die Auffindung der beiden Stücke nach dem Erscheinen seiner Ἀττικῆς ἐπιγραφαὶ ἐπιτύμβιοι, also zwischen 1871 und 1874, wo die Aufnahme für das Corpus geschah, stattgefunden hat.

vierten Jahrhunderts schliessen. Wenn nicht der Stil des Reliefs und die Form der Lekythos zur Genüge datirten, so wäre damit als Zeit der Errichtung mindestens des früheren Grabsteins die erste Hälfte des vierten Jahrhunderts gesichert.

Wir haben hier den meines Wissens noch nicht genügend beobachteten Fall, dass dieselben Personen auf verschiedenen Grabsteinen dargestellt sind. Das einfache System griechischer Namengebung lässt gewiss bei Identitätsbestimmungen Vorsicht gerathen erscheinen. Wenn auf zwei Grabstelen der Name des Philurgos, des Sohnes des Euthoinos aus dem Piräus, in Verbindung je mit directen Blutsverwandten desselben Patronymikons erschiene, so wäre es noch nicht ausgeschlossen, dass der eine Philurgos nur ein Verwandter des andern wäre, selbst wenn die Arbeit beider Grabstelen in den gleichen Zeitraum führen sollte; so gut wie auf einem attischen Grabsteine[1], welcher derselben Zeit angehören mag als die vorliegenden, Verwandte desselben Namens inschriftlich bezeichnet und mit einander im Relief dargestellt sind:

Σώσιππος   Σώσιππος   Σωσίστρατος
Ἀγρυλῆθεν   Ἀγρυλῆθεν   Ἀγρυλῆθεν

Aber eine solche Annahme ist ausgeschlossen, wo sich an zwei Monumenten, die sichtlich aus derselben Werkstatt hervorgegangen sind, Personen gleichen Namens finden, welche je aus verschiedenen Familien gebürtig sind. Das doppelte Vorkommen der Namen Philurgos, des Euthoinos Sohn aus dem Piräus, und Kallippe, Tochter des Kallimachos, in Verbindung mit einander zwingt uns zu dem Schlusse, dass die Träger dieser Namen in beiden Fällen identisch sind. Die Kallippe war die Frau des Philurgos, Nikarete nach der Inschrift ihre Tochter.

Diese beiden Grabvasen sind nicht die einzigen, welche, derselben Familiengrabstätte entstammend, dieselben Personen wiederkehren lassen. Es mag hier eine Reihe von weiteren Fällen folgen, welche sich hoffentlich noch vermehren werden, wenn der zweite Band der Sammlung der attischen Inschriften vollständig erschienen ist. Wie bei *A* und *B*, sind stilistische Unterschiede zwischen den zusammengehörenden Stücken kaum

---

[1] v. Sybel, Katal. d. Sculpt. von Athen, Nr. 517.

oder in so geringem Grade zu bemerken, dass die betreffenden Grabsteine in nur unbedeutendem zeitlichen Abstande von einander geschaffen sein können. Wie A und B stimmen die zusammengehörenden Paare in Formen und Maassen soweit überein, als bei dem nicht im modernen Sinne fabriksmässigen Betriebe des attischen Kunsthandwerks möglich ist. In allen Fällen sind sämmtliche dargestellte Personen benannt, und zwar scheinen die Namensbeischriften auf jeder Vase gleichzeitig, d. i. bei Errichtung des Denkmals eingehauen zu sein

Von solchen Lekythen sind C und D im Louvre.

C. Körper einer Lekythos; abgebildet Caylus, *recueil des antiquités* VI, *pl.* 50, 1 im Gegensinne, nach Fourmont; Bouillon, *mus. d. antiqu.* III, *vases*, *pl.* 8, 1; Clarac, *mus. d. sculpt.* 152 und 153, 274; beschrieben bei Dubois, *catal. Choiseul*, nr. 117, CIG 1009; Fröhner, *inscr. grecques*, nr. 156. Maasse: Höhe 0,72, Durchmesser 0,38 nach Fröhner, 0,41 nach Messung von Michaelis, Figurenhöhe 0,21 nach demselben.

Die vielfachen Verwechselungen, die sich in den Abbildungen und Beschreibungen dieser beiden Vasen finden, machen eine neue Beschreibung nöthig. Auf C sitzt in der Mitte eine Frau (ΚΑΛΛΥΝΟΙΣ) nach links, ihre Linke liegt im Schoosse. Auf die Lehne ihres Stuhles stützt sich ein bärtiger Mann (Σωστρατίδης)[1]. Die Rechte der Frau ergreift ein anderer Bärtiger mit Namen Σώστρατος. Er scheint übereinstimmend als alt aufgefasst worden zu sein[2]. Fröhner sieht in ihm den Mann der Kallynthis.

Caylus gibt die Fundangabe mit Fourmont's Worten *Athenis super portam ecclesiae sancti Thomae*; zu der Lage dieser Kapelle östlich vom Theseion sind A. Mommsen's *Athenae christianae*, p. 88 zu vergleichen.

D. Körper einer Lekythos; Bouillon III, *vases*, *pl.* 8, 3; Clarac 152 und 153, 271; Dubois, *catal.* 118; CIG 1010; Fröhner nr. 157. Das Erhaltene scheint oben und unten ein wenig kürzer abgebrochen zu sein als bei C. Höhe 0,68, Durch-

---

[1] Fröhner irrig ,*le jeune fils*'.

[2] Hr. Haussoullier, welcher die Liebenswürdigkeit hatte, die beiden Vasen für mich zu untersuchen, schreibt: *pour Sostratos il est difficile de se prononcer, mais il semble qu'il était plutôt barbu.*

messer 0,40 nach Fröhner, 0,42 nach Michaelis, Figurenhöhe nach demselben 0,23.
Die Scene ist dieselbe in umgekehrter Richtung. Die Frau sitzt nach rechts hin, ihr Name ist in diesem Falle deutlich ΚΑΛΛΥΝΘΙΣ[1]. Der Mann, welcher sich auf den Stuhl der Frau lehnt, wird von Fröhner als „fils", also als jung bezeichnet; sein Name ist Σωστρατίδης; Sostratos, welcher der Frau, vor der er steht, die Hand gibt, ist für Fröhner der Mann der Kallynthis. Dieses Verhältniss wird durch eine sorgfältige Zeichnung, welche ich der Güte des Herrn Haussoullier verdanke, bestätigt.[2] Der Stil der beiden Vasen ist ganz derselbe, das Relief ist so flach, dass es kaum über den Umriss der Vase sich erheben wird; aber die Arbeit ist bei beiden verschieden. Abklatsche zeigen, dass in D die Contouren noch flacher eingearbeitet sind als in C, wo die Gestalten ausgeführter, mehr modellirt erscheinen.

Freilich soll nach Fröhner diese Vase aus Marathon und die andere aus Athen stammen. Wäre das richtig, so würde die Zusammengehörigkeit, welche wir für die beiden Vasen annehmen, kaum glaublich sein. Die Fundnotiz Marathon stammt aus dem Katalog Dubois. Dubois gibt auch für C den Fundort Marathon an, für welches wir die sichere Fundangabe durch Fourmont besitzen. Dass die Vase erst an der Kapelle Hag. Thomas in Athen, dann von Fauvel in Marathon aufgefunden sein sollte, wird Niemand glauben. Und die beiden Lekythen sind nicht von einander zu trennen. Die Angabe bei Dubois geht einzig und allein auf die Gewohnheit des Anfangs dieses Jahrhunderts zurück, die Grabvasen schlechthin als marathonische zu bezeichnen. Zu allen Grabvasen, die in der Sammlung Choiseul vorhanden waren — im Ganzen waren es 9 — macht Dubois den Vermerk *trouvé à Marathon;* nach dem Kataloge hätte Fauvel bei seinen Ausgrabungen, welche zwischen den Jahren 1784 und 1792 dort stattfanden, an Grabsteinen nur Grabvasen gefunden. Unter diesen Umständen hat die Angabe

---

[1] Zu dem singulären Namen vgl. Κάλυνθος bei Paus. X, 13, 10.
[2] Hr. Haussoullier fügt hinzu: *Sostratos qui est debout devant la femme semble barbu: la poitrine est plus forte et de même la musculature. Sostratidès ne semble pas barbu.*

bei Dubois gar keinen Werth, und wir dürfen annehmen, dass in Wirklichkeit auch D in Athen zum Vorschein gekommen ist. Es gehören ferner zusammen E, F und G.

E. Lekythos im Centralmuseum zu Athen [1]. Der Hals ist abgebrochen. Figurenhöhe 0,26. In der Mitte nach rechts ein bärtiger Mann sitzend (Σιμωνίδης); er reicht die Hand einem Jüngling im Himation (Ἄνθιππος). Hinter dem sitzenden steht nach rechts gewandt eine trauernde Frauengestalt, die Wange in die Linke schmiegend (Ἀριστονίκη).

F. Lekythos im Centralmuseum zu Athen. Hals abgebrochen. Höhe der stehenden Figur 0,27. Rechts sitzt nach links Ἀριστονίκη in der Frauentracht von Chiton und Himation. Ihre Linke liegt im Schoosse, die Rechte gibt sie der Θεοπροπίς. Diese steht vor ihr, das Himation über den Kopf geschlagen, das sie mit der Linken wie einen Schleier vorzieht.

G. Zu den beiden Vasen ist eine dritte leider verschollene zu vergleichen, deren Beschreibung nur in der Ἐφημερὶς ἀρχαιολογική enthalten ist (1858, Nr. 3359): Ξάνθιππος Θεοπροπίς Σιμωνίδης, ἐπὶ ὑδρίας λίθ. Πεντελ., ἐφ' ἧς τύπος παριστάνων ἄνδρα ἱστάμενον, πρὸ αὐτῆς [sic] γυναῖκα καθημένην καὶ μετ' αὐτῆς ἑτέραν ἱσταμένην. ὕψος 0,70, διάμ. 0,45. εὑρ. καὶ αὐτὴ εἰς τὸ δυτικὸν τοῦ Διπύλου, ἐν τῇ οἰκίᾳ τοῦ κ. Μισσίου, νῦν δὲ τοῦ κ. Φεράλδη. κύριον ὄνομα γυναικὸς Θεοπροπὶς πρῶτον ἐνταῦθα εὕρηται. Schon Kumanudes [2] hat das Stück nicht mehr gesehen, und weder Wolters noch Lolling wissen über seinen Verbleib etwas zu berichten.

Die Ergänzung der Ephem. Ξάνθιππος ist mit Rücksicht auf E überflüssig, wo an dem Ἄνθιππος nicht gerüttelt werden kann, weil das A unmittelbar hinter dem Kopfe des Jünglings steht. In ihrer Beschreibung können wir unbedenklich die ἑτέρα γυνὴ ἱσταμένη als Simonides auffassen. E hat mit G den Namen Σιμωνίδης und den seltenen Ἄνθιππος gemein, mit F Ἀριστονίκη, und F mit G den Namen Θεοπροπίς, der nur in diesen beiden Fällen bisher zum Vorschein gekommen ist. Die Fäden scheinen sich zu kreuzen und verbinden um so fester die Stücke mit einander. Nach Wolters, welcher die Freundlichkeit hatte, E und F für mich zu untersuchen, sind Zeit und Stil der beiden erhaltenen Vasen dieselben, desgleichen auch ziemlich die

---

[1] E v. Sybel a. a. O. Nr. 205; F v. Sybel Nr. 208.
[2] Ἀττ. ἐπιγρ. ἐπιτ. 2557.

Grösse, was ja schon aus den Maassen hervorgeht, welche v. Sybel für die Höhe der Figuren des Reliefs angibt. Doch sind die Lekythen nicht in dem Grade genau nacheinander gearbeitet, wie A und B. Der Umriss von F ist da, wo der Vasenkörper an die Schulterfläche stösst, etwas eingezogen, bei E geht er geradlinig aus; ‚bei ersterer findet sich die Darstellung auf einer erhabenen Leiste stehend, während diese Andeutung des Bodens bei E fehlt. F ist etwas besser gearbeitet und zeigt mehr Einzelnheiten, besonders in der Faltengebung' (Wolters). Das sind Unterschiede, welche naturgemäss aus dem freien Zuge und dem Fernbleiben von allem fabrikmässigen Schema, wie sie dem damaligen attischen Kunsthandwerke eigen waren, hervorgehen und unsere Folgerungen nicht beeinflussen können.

Ein weiteres Paar verzeichne ich unter H und I.

H. Schlanke Lekythos, in ihrer ganzen Höhe und ihrer Oberfläche ausgezeichnet erhalten, so dass sie noch einen reichen Ornamentschmuck bewahrt hat; in Athen im Privatbesitz. Höhe der Figuren des Reliefs 0,29. Fundort: γωνία ὁδῶν Κολοκοτρώνη καὶ Σταδίου [1].

Vortreffliche Arbeit um 400; besonders zeichnen sich die Köpfe trotz ihrer Kleinheit durch bemerkenswerthe Individualität aus. Alle vier Figuren stehen. In der Mitte reicht ein unbärtiger Mann mit kräftiger Brust (Φειδέστρατος) seiner Mutter Ξεναρέτη die Hand, hinter der Frau steht ein bärtiger Alter, trübe das Haupt gesenkt und in die Rechte legend, die Stirn voller Falten; der Stab, auf welchen er sich stützt, war nur durch Malerei angedeutet, wie auch sonst noch ansehnliche Reste von Malerei an dieser Vase erhalten sind. Bezeichnet ist er als Αὐτόδικος Ἐρχιεύς. Auf der andern Seite der Gruppe legt der Ephebe Θηρεύς, der mit der Linken sein Pferd nach sich zieht, die Rechte auf die Schulter des Pheidestratos, in welchem wir seinen Bruder vermuthen. So concentrirt sich die Gruppe zu diesem hin, und es scheint, als habe der Tod des Pheidestratos den Anlass zur Stiftung des Grabmals gegeben.

Damit gehört zusammen:

I. Fragment einer Lekythos im Centralmuseum zu Athen. Reliefhöhe 0,28. Sehr gute Arbeit, vielleicht noch etwas strenger

---

[1] Kumanudes 473. Friederichs-Wolters, Berliner Gipsabgüsse 1079.

als *H*. Ein bärtiger Mann, über dessen Kopfe die Inschrift
ΑΥΤΟΔΙΚΟΣ ΕΡ[χιεύς erhalten ist, lehnt sich auf seinen Stab und
reicht dabei einem andern die Hand; von diesem sind nur mehr
die Beine und ein Theil des gegürteten Chitons mit der Chlamys
dahinter vorhanden; hinter ihm erscheinen die Hufe seines
Pferdes [1]. Die Gestalt glich dem Thereus auf *H*. Die über-
einstimmende Anbringung des Pferdes ist interessant, indem
sie zeigt, wie eine Familie daran festhielt, ihre Ritterlichkeit
auf ihren Grabmonumenten zu bezeugen.

Ganz besonders deutlich wird die Identität der Personen
schliesslich noch auf einem fünften Paare von Lekythen, welches
umstehend abgebildet ist.

K. Körper einer Lekythos, mit der Elgin-Sammlung ins
Britische Museum gekommen [2]; wo auf den Körper der Vase
die Schulterfläche mit dem Halse ansetzen sollte, ist sie modern
zugehauen und zudem ausgehöhlt. Nach Michaelis Höhe des
Erhaltenen 0,50, Durchmesser 0,34, Figurenhöhe 0,245. Die
Köpfe sind bestossen. Im Relief, das auf einer Leiste vor-
springt, sind vier stehende Figuren dargestellt: in der Mitte
zwei Frauen im Chiton und Himation, welche sich die Hände
reichen; hinter ihnen steht je ein Mann; beide bärtig, stützen
sich, in ihr Himation gehüllt, auf ihre Stöcke, die nur in Malerei
angegeben waren. Ueber den vier Figuren von links her die
Inschriften:

ΜΥΣ ΦΙΛΙΑ ΜΗΤΡΟΔΩΡΑ ΜΕΛΗΣ

L. Lekythos bis auf Fuss und Obertheil des Halses vor-
trefflich erhalten; in der Sammlung der Archäologischen Gesell-
schaft zu Athen [3]. Gefunden in Chasani in Attika. Maasse nach
Postolakkas: Höhe des Erhaltenen 0,745, grösster Durchmesser
0,345, Höhe der Figuren 0,24. Das Relief wie in *K*: auf einer
vorspringenden Leiste vier stehende Figuren, in der Mitte die
beiden Greise, die sich die Hände schütteln, rechts und links

---

[1] v. Sybel Nr. 3245; bei ihm die Inschrift unvollständig. Schon Kumanudes 467 ergänzte richtig und fügte die Anmerkung hinzu: ἡ συμπλή-
ρωσις ἐκ τοῦ ἐν τοῖς ἑξῆς ἀρ. 473 [*H*], ἔνθα ὁ αὐτὸς ἄνθρωπος ἤ τις συγγενής του.
[2] Abgebildet *ancient marbles* IX, 32, 3; *anc. greek inscr.* I, 122.
[3] Beschrieben von Mylonas, *bull. de corr. hellén.* III, 357 f., Nr. 11; die
Maasse irrig. In unserer Abbildung sind Schulterfläche und der erhaltene Theil des Halses fortgelassen.

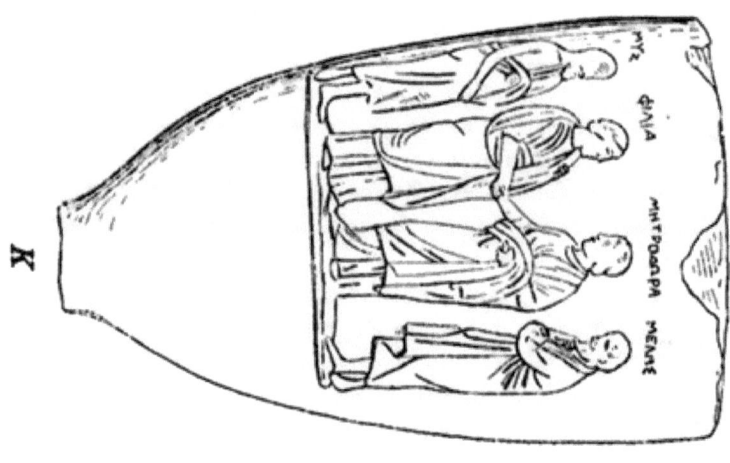

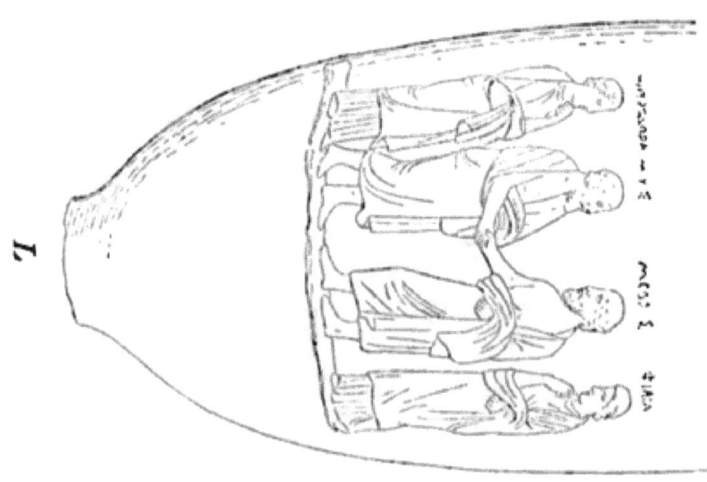

von ihnen die beiden Frauen. Die Füsse des Mannes rechts ruhen auf beiden Sohlen, der links ist wie im Herankommen dargestellt. Die Inschriften lauten:

ΜΗΤΡΟΔΩΡΑ ΜΥΣ ΜΕΔΗΣ ΦΙΛΙΑ

Bei der Gleichheit der übrigen Namen, bei der Beziehung, welche die Darstellungen auf einander haben — das eine Mal werden die Männer, das andere Mal die Frauen in die Mitte gestellt — ist nicht anders anzunehmen, als dass der ΜΕΔΗΣ auf L gleich dem ΜΕΛΗΣ auf K ist, und dass das erstere nur einer Flüchtigkeit des Steinmetzen seine Entstehung verdankt. Der Name ΜΕΔΗΣ ist nach Pape's Lexikon bisher nicht nachweisbar; ΜΕΛΗΣ trifft das Richtige.

Unterschiede in den Zügen der Inschriften, im Stil der Reliefs vermag ich nicht zu erkennen. Im E ist die mittlere Hasta auf beiden Lekythen kürzer als die äusseren. Die Vasen werden etwa aus der Mitte des vierten Jahrhunderts stammen. Die Reliefs sind ohne Feinheit, ziemlich trocken, zum Theil mit recht grobem Meissel ausgeführt. Die Köpfe erscheinen auf beiden Vasen im Verhältnisse zu der ganzen Gestalt übermässig gross. Ich erkenne aus den mir vorliegenden Photographien keinen Umstand, welcher irgend welchen Zweifel an der völligen Gleichzeitigkeit der beiden Vasen veranlassen könnte, wenn auch die Aufnahmen bei zu verschiedenem Lichte und in zu verschiedenen Verhältnissen gemacht sind, um dieses von vornherein mit absoluter Gewissheit positiv festzustellen. Indess bin ich überzeugt, dass Abgüsse der beiden Vasen nebeneinander gehalten den stricten Beweis liefern würden.

Alle aufgezählten Denkmäler sind Grablekythen. Die Aufstellung derselben muss derart gewesen sein, dass die Stücke, welche auf einander Bezug nehmen, gleichzeitig übersehen werden konnten. Denn nicht nur, dass die Gefässe in ihren Maassen und ihren Formen so ähnlich als möglich sind, bei A und B und bei C und D ist eine Responsion auch der Reliefs augenscheinlich erstrebt: im einen Falle, A und C, ist die Richtung des Sitzenden nach links, im andern, B und D, nach rechts. Ebenso deutlich entsprechen sich K und L. Im Allgemeinen und jedenfalls ursprünglich werden als Basen für die Lekythoi die viereckigen oblongen Blöcke anzusehen sein, welche die

Alten ihrer Bestimmung gemäss als τράπεζαι bezeichneten. Auf den tafelförmigen Tisch setzte die das Grabmal schmückende Frau die Todtenspende, welche sie in thönerner Lekythos mitbrachte, und diese Sitte wurde der Anlass, die Lekythos in Stein auf die Mitte der Trapeza zu setzen. Vor dem Dipylon stehen drei solcher Grabaufsätze in einer Flucht nebeneinander[1]: der erste gilt dem Philoxenos, dem Sohne des Dion aus Messene, der zweite dem Dion, des Philoxenos Sohn aus Messene, und der dritte ist für dessen Bruder Parthenios. Eine Zeichnung der beiden Erstgenannten, welche wir der Güte von Franz Winter und Wolters verdanken und bei deren Verwendung zum Zinkdruck Richard Koldewey freundlichst mich unterstützte, ist auf S. 15 wiedergegeben. Auf jeder der τράπεζαι steht noch der Vasenfuss in der Mitte. Wären die Lekythen vollständig erhalten, sicherlich würden sie mit ihren Darstellungen der oben gegebenen Reihe anzufügen sein. Auch ist wenigstens ein Fall nachweisbar, wo auf derselben τράπεζα symmetrisch zu einander gestellt die Löcher für die Füsse zweier Vasen erhalten sind[2]. Hier war Responsion noch weit dringender gefordert, als wenn die einzelnen Vasen sich auf besonderer Basis erhoben. Es liesse sich denken, dass eines Tages ein Monument dieser Art gefunden würde, auf welchem in der Mitte eine Grabamphora und zu den Seiten je eine Lekythos stünden.

Auf eine andere Möglichkeit, wie die Lekythenpaare aufgestellt gewesen sein können, führt ein Monument dicht neben den Messeniergräbern[3]. Vor den Anten des grossen Reliefs einer sitzenden Frau stecken in der breiten Basis, die zugleich als Trapeza diente, rechts und links noch die Marmorreste zweier Lekythen, kreisrund, mit Blei wie üblich eingegossen; sie ragen allerdings nicht mehr über die Oberfläche hinaus. Der Durchmesser derselben beträgt 0,18 (Wolters). So wären dem hauptsächlichen σῆμα der Familie kleinere zu einem reichen Anblick

---

[1] v. Sybel Nr. 3348—3350. Die auf S. 15 abgebildeten haben: der des Philoxenos 0,38, der des Dion 0,34 Breite.
[2] Athen Centralmuseum, Vorhof, v. Sybel Nr. 2485; der Apparat der Grabreliefs besitzt eine Skizze Loewy's. Die Inschrift siehe bei Kaibel, epigr. graeca, Nr. 64.
[3] v. Sybel Nr. 3351; vgl. Milchhöfer, Museen v. Athen. S. 40. Nr. 28.

untergeordnet worden. Indessen kommen in Verbindung mit den grossen Naiskoi des Dipylons auch ähnliche Vertiefungen und Reste von Marmorgefässen vor, welche mit Grabvasen nichts zu thun haben können. Vor dem Relief der Korallion [1] sind fünf solcher Löcher nebeneinander; hätten in ihnen hohe Grabvasen gestanden, so wäre das Relief völlig verdeckt worden. Zudem bemerkt Wolters über eines derselben: ganz rechts in dem Loch steckt noch mit Blei festgegossen der Rest eines Marmorgefässes, das ein Alabastron gewesen sein könnte, ∪ im Durchschnitt, jetzt noch etwa 6 Cm. tief, Wandstärke 12 mm. Weder Form noch Höhlung würde ein Analogon unter den sicheren Grabvasen finden, und also wird Salinas' Vorstellung das Richtige treffen, dass die Gefässe vor den Naiskoi beim Todtencult für die Spende gedient haben.

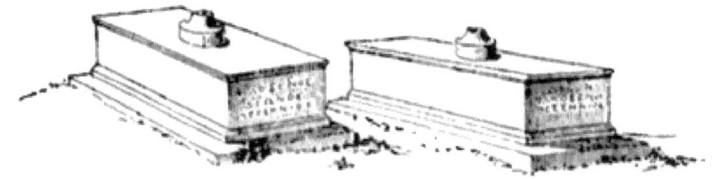

II.

Ist von den beiden Grabdenkmälern der Familie des Philurgos A zuerst errichtet, so war die Tochter Nikarete die zuerst Verstorbene: Vater und Mutter, denen als Grabstein B galt, folgten ihr im Tode nach. Ist B früher, so war, als A nöthig wurde, der eine Theil der Eltern oder wahrscheinlicher beide Eltern schon gestorben, und B würde darstellen, wie sie nach dem Tode ihre Tochter im Elysium empfangen. Wir befinden uns damit vor einer Alternative, in der nach der zuletzt für die attischen Grabreliefs vorgeschlagenen Deutung zu Gunsten der zweiten Annahme zu entscheiden ist. In seiner Einleitung zu den Sculpturen der Sammlung Sabouroff, welche auf Grund des grossen Materials, das sie verarbeitet, überaus reich ist

---

[1] v. Sybel Nr. 3317. Salinas, *Monum. sepolcrali scop. presso la chiesa della Santa Trinità*, Taf. I, D; dazu p. 19.

an treffenden Bemerkungen für das Verständniss der Sepulcralsculptur, nimmt Ad. Furtwängler von Neuem den Gedanken auf, welchen Ravaisson schon einmal ausgeführt hat und der damals namentlich von O. Benndorf zurückgewiesen worden ist: dass die Reliefs der attischen Grabstelen und Grabvasen als Bilder vom Fortleben des Todten, als Scenen des Wiedersehens der Verwandten im Elysium zu verstehen seien. Die Gewohnheit früherer Jahrhunderte, den Todten in steifer Göttlichkeit auf seinem Grabmal wiederzugeben, wäre bis zu dem Grade gemildert und vermenschlicht und von den Künstlern belebt worden, dass man im fünften und vierten Jahrhundert die Motive des Lebens zur Darstellung des Gestorbenen, und zwar in seiner Existenz als Gestorbenen unumschränkt benutzte. Wo Andere das Leben in den Grabreliefs zu betrachten glauben, erkennt Furtwängler ein Spiegelbild desselben im Jenseits. Grund zu dieser Ansicht ist für ihn die nicht zu bezweifelnde Ursprünglichkeit des Heroenglaubens und die Ueberzeugung, dass eine Abschwächung desselben während der ganzen in Frage kommenden Zeit des Alterthums nicht stattgefunden habe. ‚Von der Existenz des Todten wollen alle Grabdenkmäler reden.'[1]

Nun aber lassen sich eine Reihe von Erscheinungen im Bereich der Monumente, welche zum Theil erst durch die Vermehrung des Materials in den letzten Jahren bedeutungsvoll geworden sind, schlechterdings nicht mit einer solchen Ansicht vereinigen.

Es werden sich schwerlich Darstellungen finden, die an die Vergänglichkeit des menschlichen Daseins lebhafter mahnen als der Vorgang des Sterbens. Die Anzahl der Grabsteine, welche denselben verbildlichen, hat sich gerade in letzter Zeit vergrössert, und es wird daher lohnen, sie hier zusammenzustellen. Es sind mir im Ganzen aus den Sammlungen für das Corpus der Grabreliefs fünf Exemplare bekannt geworden.

1. Lekythos in Athen 1886 von Loewy, dessen Skizze mir vorliegt, im Häuschen bei der Kapelle der Hagia Trias gesehen und also auch dort gefunden. Weisser Marmor. Der Ausguss und ein Theil des Halses fehlt; der Fuss ist erhalten, aber abgebrochen. Höhe ca. 0,85, der Figuren bis 0,25. Eine

---

[1] A. a. O. p. 43.

Frau, als ΘΕΟΦΑΝΤΗ über dem Kopfe bezeichnet, hat auf ihrem lehnenlosen Stuhle gesessen und sinkt nach rückwärts; eine kleinere Frau fängt sie auf: der rechte Arm derselben fasst unter die rechte Achsel der Theophante, deren rechter Arm schlaff herabhängt. Rechts hält ihr bärtiger Mann mit der Linken ihren lose ausgestreckten linken Arm; schmerzlich bewegt greift seine Rechte an die Stirn. Seine Blicke sind auf den niedersinkenden Kopf der Frau gerichtet. Ihr Haar ist gelöst. Das Himation ist von den Schultern herabgefallen und liegt um die Hüften.

2. Lekythos von zartester Form, bis auf den fehlenden Fuss vortrefflich erhalten; in der Sammlung der Archäologischen Gesellschaft zu Athen [1]. Höhe ca. 1,15, Figuren des Reliefs 0,24. Die Scene verläuft hier in umgekehrter Richtung. Die Frau (Φειδεστράτη | Χαρίου Ἀγνουσίου) sitzt nach links, ihr linker Arm fällt matt herunter, die Rechte greift schmerzvoll in das gelockerte Haar. Auch hier liegt das Himation nicht mehr auf den Schultern. Das Mädchen rechts hinter ihr in der Tracht der Hegesodienerin sucht von hinten den Gürtel, der den Chiton der Frau zusammenhält, zu lösen. Links schliesst die Gruppe eine stehende Frauengestalt ab, in der typischen Weise trauernd die Wange in die Linke schmiegend, während die Rechte den linken Ellbogen stützt (Μνησαγόρα | Χαιρίππου).

Von den beiden Reliefs, die aus der ersten Hälfte des vierten Jahrhunderts stammen mögen, ist Nr. 1 weit lebhafter, momentaner gefasst; beide Personen, welche die Frau umstehen, suchen zu helfen und sie aufzufangen, die Frau ist ganz im Hinsinken begriffen, man glaubt eine plötzlich Sterbende zu sehen. Die Darstellung von Nr. 2, in der die stehende Frau sich in stummer Betrachtung des Vorganges verhält, wirkt ruhig und gedämpft; sie ist sozusagen für die Ruhe des Grabes stilisirt. Sie berührt sich darin mit der Darstellung eines weiteren Reliefs, welches, obwohl zugänglich abgebildet, seine Erklärung noch nicht gefunden hat.

3. Stele im Louvre, abgebildet Clarac 161 B, 211 A. Das vielfach bestossene Relief ist in seiner ganzen Breite oben abgebrochen, so dass bis auf den Hinterkopf der Sitzenden, an

---

[1] v. Sybel Nr. 3244. Kumanudes 40.

dem ein Doppelzopf erkennbar ist, die Köpfe aller drei Figuren verloren sind. Hoch 0,75, breit 0,60, Reliefhöhe 0,05. Der Marmor wird als pentelisch angegeben. Die Herkunft des Reliefs ist unbekannt; dass es attischer Arbeit ist, lehrt ein Blick selbst auf die unvollkommene Abbildung bei Clarac; es wird zur Evidenz durch eine Vergleichung der Dienerin links mit der Dienerin der Phrasikleia[1], die völlig identisch sind. Dazu stimmt, dass Conze den Stil in einer vor dem Original genommenen Notiz als ganz attisch um 400 bezeichnete und die feine Bewegung neben oberflächlicher Ausführung lobt.

Auf einem Stuhl ohne Lehne sitzt in der Mitte nach rechts eine Frau. Das Himation ist ihr auf den Schooss herabgefallen, so dass die Brust nur mehr vom Chiton bedeckt ist. Die Arme sind beide im Ellbogengelenk gebogen und scheinen im Herabgleiten begriffen zu sein. Schon Clarac bemerkte das Zurücksinken der Frau, er deutete die Haltung auf Zögern und Ueberraschung. Von hinten umfasst sie eine weibliche Gestalt in der Frauentracht von Chiton und Himation: deren Rechte greift nach dem rechten Ellbogen, ihre Linke nach der Schulter der Ohnmächtigen. Es kann kein Zweifel sein, dass sie im Sterben ist. Denn die unsichere Haltung der Arme, das Rückfallen des Oberkörpers, das Entblössen desselben vom Himation, welches wir ebenso auch an Nr. 1 und 2 beobachteten, und für welches mir im Bereich der Grabreliefs ein anderweitiges Beispiel nicht bekannt ist, ferner das Zufassen der Stehenden, zu der man die Haltung der Dienerin in Nr. 5 unten vergleiche, sind beweisend, so sehr auch die übrigen Elemente des Reliefs in diesem Zusammenhange den modernen Beschauer befremden. Denn als gälte es, die Frau wie sonst zu schmücken, steht die Dienerin in abwartender Haltung mit dem Kasten in den Händen, und harmlos hockt unter dem Stuhl der Gespiele des Frauengemaches, das Rebhuhn. Der Zwiespalt ist nicht zu verkennen. Der Bildhauer führt das Beiwerk der attischen Frauenwohnung so situationslos wie irgendwo vor und daneben stellt er, in dem engen Rahmen des Reliefs doppelt auffallend, einen Vorgang höchster Erregung, indem er ihn freilich auf ein Minimum linearer Bewegung herabdrückt.

---

[1] Abgebildet Stackelberg, Gräber der Hellenen, Taf. I, 2. v. Sybel Nr. 64.

Durch diesen Zwiespalt ist das Relief des Louvre ein eindringliches Beispiel für formale Principien in der Richtung der von Phidias beeinflussten Kunstübung. Griffe die Dienerin mit zu und suchte, wie man erwarten sollte, ihrer Herrin zu helfen, so würde durch ihre Bewegung nach der Mitte das Gleichgewicht der Composition gestört. Aufrecht stehend gibt sie für die Composition ein wohlthuendes Gegengewicht zu der stehenden Figur am linken Rande ab. Man liebt es in der Zeit um 400 nicht, zwischen die geraden ruhigen Linien der Anten, die, vermuthlich aus besonderen Stücken gearbeitet, auch dieses Relief umrahmten, Scenen mit lebhafter Bewegung einzuordnen[1]. Die gewaltsame Umgestaltung des realen Sterbens zu einer stilgerechten Composition, widerspricht in demselben Grade der Wirklichkeit, wie die Charakteristika des Parthenonfrieses, der Isokephalismus und die absichtliche Unterdrückung des Porträts zu Gunsten einer idealen Schönheit. Eine blosse Gedankenlosigkeit bei dem Pariser Relief anzunehmen, verbietet die durchaus individuelle Composition der sitzenden Frau mit der Figur hinter ihr. Auch zeigt das Relief, wie sehr man sich wird hüten müssen, in jedem Falle Scenen der Grabreliefs einheitlich erklären zu wollen. Die Dienerin in ihrer ruhigen Haltung verhält sich zu dem dargestellten Vorgange genau genommen irrational und ist ausser durch die Rücksichtnahme auf gefällige Composition hinzugefügt, nur um wie das Rebhuhn die allgemeine Sphäre, in der wir uns befinden, zu bezeichnen.

An die Darstellungen, in welchen die Frau sterbend vom Stuhle sinkt, reihen sich zwei etwas jüngere, zugleich realistischere, auf denen die Kline die Stelle des Stuhles eingenommen hat.

4. Stele im Centralmuseum zu Athen, aus der strittigen Grenzstadt zwischen Attika und Böotien, Oropos[2]; pentelischer Marmor, hoch 0,77. Inschrift unter dem Kyma Πλάγγων Τολμίδου

---

[1] Nur v. Sybel Nr. 944 (abgebildet Ephem. arch., 1862, II, α, β) macht eine Ausnahme. Ausserhalb Attikas verschwindet in der hellenistischen Zeit dies Stilgefühl; vgl. z. B. Berliner Verz. d. ant. Sculpt., Nr. 809.

[2] Abgebildet Lebas, monum. fig. pl. 71; genau beschrieben von Körte, Ath. Mitth. III, 326 f., Nr. 21; v. Sybel Nr. 123; Kabbadias, καταλ. τοῦ κεντρ. Μουσείου, Nr. 159.

Πλαταϊκή | Τολμίδης Πλαταεύς, darunter das Relief in der ganzen Breite der Stele. Wie in Nr. 1 und 2 ist das Haar der Frau aufgelöst und fällt das Himation von den Schultern. Die trauernde Haltung des Mannes erinnert an die Mnesagora der zweiten Vase. Die Datirung wird bei dieser stark provinziellen Leistung erschwert; insbesondere die noch guten Züge der Inschrift und die schon schlanken Proportionen der Dienerin rechts führen auf die Zeit um 300.

5. Stele des Museums im Piraeus[1], nach Postolakkas Angabe aus grauem Marmor, hoch 0,82. Ein Giebel mit kleinen Akroterien und ein Kyma, das an den Seiten weitergeführt ist, schliesst den Stein ab. Darunter auf dem Schaft die Inschrift Μαλθάκη Μαγαδίδος χρηστή, wie Furtwängler bemerkt[2], der Name einer Fremden. Darunter auf der oberen Hälfte der Stelenfläche das Relief, um welches Anten und Epistyl nach dem Muster der Umrahmung der Votivreliefs eingegraben sind. ‚Die Verstorbene ruht in halbliegender Stellung auf einem mit Tüchern behangenen und kissenbelegten Bette‘ (Wolters); ihre Arme hängen schlaff herab, auch hier wie bei den andern Sterbescenen ist das Himation auf die Hüften herabgestreift. Eine kleinere weibliche Gestalt hinter der Kline fasst Wolters als sitzend; mir scheint sie nur stehen zu können. Ihre rechte Hand berührt das Kinn der Frau, in ihrem Ellenbogen liegt der matte Arm der Frau auf. Auch der linke Arm der Dienerin ist gehoben, um mit beiden Händen die Frau zurechtzulegen. Unter den Füssen der Frau der Schemel; die Ausführung ist grob; die Arbeit um 300.

Wir sind berechtigt, diesen Belegen auf attischen oder von Attika beeinflussten Stelen als gleichzeitig das Monument anzureihen, welches Perses, dessen Epigramme schon im Στέφανος des Meleager enthalten waren, zum Gegenstande seiner Betrachtung machte. Er beschreibt es[3]:

Δειλαία Μνάσυλλα, τί τοι καὶ ἐπ' ἠρίῳ οὗτος
μυρομένας κούραν γραπτὸς ἔπεστι τύπος,

---

[1] Vgl. Friedrichs-Wolters, Gipsabgüsse, Nr. 1042.
[2] A. a. O. p. 48.
[3] *Anthol. gr.* VII. 730: vgl. dazu Benndorf, Griech. und sicil. Vasenb. p. 36.

Νευτίμαν, ἅς δή ποκ' ἀπὸ ψυχὰν ἐρύσαντο
ὠδῖνες; κεῖται δ' οὐκ κατὰ βλεφάρων
ἀχλὺς πλημμύρουσα φίλας; ὑπὸ μητρὸς ἀγοστῷ,
αἰαῖ, Ἀριστοτέλης δ' οὐκ ἀπάνευθε πατὴρ
δεξιτερᾷ κεφαλὰν ἐπιμάσσεται· ὦ μέγα δειλοί,
οὐδὲ θανόντες ἑῶν ἐξελάθεσθ' ἀχέων.

Die Neutima scheint ganz gelegen zu haben. Das Relief, welches die Aufmerksamkeit des Perses auf sich zog, gehörte wie die fünf erhaltenen Darstellungen der Epoche der attischen Kunst des 4. Jahrhunderts an oder war von ihr beeinflusst; darauf führt die trauernde Haltung des Aristoteles, eine Gestalt, die in den Grabreliefs dieser Zeit ja besonders häufig ist[1].

Ob unter dem Relief ein Epigramm war, welches dem Perses sagte, dass die Frau an den Geburtswehen gestorben sei? An Analogien würde es dazu nicht fehlen[2]. Oder legten ihm Einzelheiten des Reliefs, die er nicht weiter erwähnt, den Gedanken nahe? oder war man allgemein gewöhnt, an einem Grabmal der Darstellung einer sterbenden Frau diese Deutung unterzulegen? Aehnlich erwähnt Pausanias bei Sikyon ein μνῆμα Ξενοδίκης ἀποθανούσης ἐν ὠδῖσι, ein Gemälde, von einem architektonischen Rahmen umgeben, welcher einfacher, als es landesüblich war, das Bild umschloss[3]; er lobt daran ganz besonders die vortreffliche Malerei[4]. Mit Rücksicht auf das Epigramm des Perses denkt Wolters daran, dass in unserer Nr. 5 eine Darstellung der Wochenstube beabsichtigt sei. Indessen die erhaltenen Reliefs bieten irgend welchen besonderen Anhalt

---

[1] Speciell würde der lebhafte Ausdruck der Trauer des Aristoteles oder sein Analogon auf den Grabvasen und den kleineren Reliefs der Stelen, d. i. in demjenigen Theile der Grabsculptur, der von der Malerei Muster empfängt, finden, als in den grossen Reliefs der Naiskoi. Denn die monumentalen Naiskoi bewahren auch in den Geberden ihrer Figuren eine grössere monumentale Ruhe.
[2] Vgl. Kaibel, epigr. gr., Nr. 77; nach des Herausgebers Ansicht, der das Epigramm selbst abgeschrieben hat, aus dem dritten vorchristl. Jahrh.
[3] II, 7, 3.
[4] Es lässt sich in diesem Zusammenhange fragen, ob nicht des Apelles imagines exspirantium (Plinius, Nat. hist. XXXV, 90) solche Gemälde waren und damit ebenso dieser Künstler als thätig für die Ausschmückung der privaten Gräber anzunehmen ist, wie es von Praxiteles, Nikias und Nikomachos ausdrücklich überliefert wird.

hierfür nicht, und die Plötzlichkeit der Erkrankung, wie sie namentlich in Nr. 1, 2 und 4 veranschaulicht ist, die Ermattung der Glieder in Nr. 3 dürfte dem Vorgange der Geburt nicht entsprechen.

Der Schluss des Epigramms ist interessant, da er den hellenistischen Dichter ganz und gar im Sinne Furtwängler's die Scene betrachten lässt. Nachdem er eben die Dargestellten im Zusammenhange des Vorganges geschildert hat, fasst er sie als Abbilder der fortexistirenden Todten auf, um zu dem Ausrufe zu gelangen: ὦ μέγα δειλοί, οὐδὲ θανόντες ἑῶν ἐξελάθεσθ' ἀχέων. Eben aus der Pointirung ergibt sich, dass die Ursprünglichkeit dieses Gedankens unwahrscheinlich ist.

Wer auf die Deutung des Ganzen der griechischen, speciell der attischen Grabreliefs ausgeht, wird die besprochene Gruppe nicht so leichter Hand abweisen können, wie Furtwängler geneigt ist, das zu thun[1]. Die verschiedenartigen Lösungen, welche die Scene zu verschiedenen Zeiten gefunden hat, zeigen, wie der zu Grunde liegende Gedanke ein Zeitalter beschäftigte. Wer die Darstellung, welche die Vergänglichkeit menschlichen Wesens in denkbar schärfster Form vors Auge führte, für das Grabmal seines Verwandten wählte, konnte unmöglich dabei allein von dem Gefühle durchdrungen sein, dass der Tod nur die Pforte sei, welche den Zugang zu einer mächtigeren heroischen Existenz vermittele.

So wenig wie der Moment des Todes kann die Schmückung des Grabes in den Hades verlegt werden. Diese Darstellung ist auf drei Grabsteinen nachweisbar.

1. Lekythos, früher in Athen, jetzt im Besitze des Grafen Lanckoronski zu Wien. (Siehe nachstehende Abbildung.) Hals und Fuss fehlen; das Erhaltene misst 0,445, die Mittelfigur hat die Höhe von 0,215. Ein Mädchen tritt züchtig auf eine mannshohe Vase zu; hinter der Herrin steht der Befehle gewärtig eine jugendliche Dienerin. Die Herrin, sittsam gekleidet in Chiton und Himation, hält in beiden Händen eine Tänie, welche sie um das Gefäss schlingen will. Als einer freien

---

[1] A. a. O. p. 48. „So beweist es für die übrigen attischen Grabreliefs nicht das Geringste, wenn z. B. einmal auf der kleinen rohen Stele einer Fremden [Nr. 5] der Augenblick des Sterbens selbst dargestellt ist."

Jungfrau wallt ihr das Haar lang auf den Rücken hinab. Der Kopf ist verstümmelt. Der Theil der Tänie zwischen den Händen war nur gemalt, ein anderer erscheint plastisch vor dem Mantel. Die Vase hat die Form der Grabamphora, ihre Henkel werden ebenfalls nur gemalt gewesen sein. Schwerlich aber hat die Vase in Wirklichkeit so ohne Basis dagestanden: ein neuer Beleg für die oft bezeugte Freiheit landschaftlichem Beiwerk gegenüber zu Gunsten der Composition. Die Dienerin trägt das Haar kürzer und ist in den langen gegürteten Peplos gekleidet; auf dem linken Arm hat sie den flachen Korb, welcher die Grabspende enthält, der rechte hängt unthätig herab.

2. Stele mit gerundetem Abschluss, 1886 von Milchhöfer in Kalyvia Kuvaras in Attika gefunden[1]. Im Akroterion eine klagende Sirene von individueller Composition, in ³/₄ Profilstellung; die Rechte greift in das Haar, die Linke schlägt gegen die Brust. Die Stelenfläche ist ganz von einer wohlgeformten Grabamphora eingenommen. Quer über die Mitte des Vasenkörpers geht ein Reliefstreifen. Ein Mädchen mit langem Haar steht eng in das Himation gehüllt vor einer mannshohen Grabvase und sieht einer andern zu, welche jenseits der Vase im Begriff ist, die Binde um den Henkel zu legen. Auch ihr wallt das Haar lang in den Nacken hinab, so dass man sie zunächst für eine Freie halten möchte. Aber die strenge Haltung des Mädchens ihr gegenüber scheint diese als

---

[1] Die mir vorliegende Abbildung wird demnächst in den Mittheilungen des kais. Deutschen Archäologischen Institutes in Athen (Bd. XII, Taf. 9) erscheinen.

ihre Herrin kenntlich zu machen. Die Vase hat im übrigen die Form der Grabamphora, hat aber nur einen Henkel[1]. Hinter der Herrin steht eine zweite jüngere Dienerin in abwartender Haltung. Das Haar ist im Nacken hinaufgenommen. Das Attribut in ihrer gesenkten Rechten ist auf der Abbildung nicht deutlich genug, um es zu bestimmen.

3. In Athen im Centralmuseum, v. Sybel Nr. 1343: ‚Grabrelief: Mädchen mit flachem Korb; Frau nach links, Mantel über Hinterkopf, Rechte fasst den Saum; Grabvase.' Trotz vielfachen Suchens hat Loewy bei seiner für die Sammlung der Grabreliefs im Winter 1885 auf 1886 und im darauffolgenden Frühjahr vorgenommenen Revision das Stück nicht wieder ausfindig machen können.

Die nahe Verwandtschaft dieser Reliefs mit den Darstellungen der weissgrundigen Thonlekythen springt in die Augen. Aber in den Compositionen ist ein bedeutungsvoller Unterschied. Dort nimmt die Stele den Mittelpunkt ein, hier die Frau, welche die Vase schmückt oder schmücken lässt; dort ist die Stele der Mittelpunkt des Interesses, hier die Frau, welche an sie herantritt; dort ist der Zweck die Pflege des im Grabmal wohnenden Todten, hier ist durch die Umwandlung der Composition beabsichtigt, die Sorgfalt der schmückenden Frau auszudrücken. Die Pflege der Familiengrabstätte war die besondere Pflicht der Jungfrauen und Frauen des Geschlechtes: sie bei der Ausübung dieser Pflicht darzustellen, musste sich dem attischen Künstler umsomehr einprägen, als es einer der seltenen Anlässe war, welcher die weiblichen Familienmitglieder über die Schwelle ihres Hauses führte und der Oeffentlichkeit zeigte. So konnte man durch die Wahl dieser Darstellung ein Zeugniss für die ἀρετή, die Pflichterfüllung der Verstorbenen ablegen. Inschriften, welche über Stand und Alter derselben Aufschluss geben könnten, fehlen. Die lange Haartracht auf 1 und 2 bezeichnet die Verstorbene als κόρη; ihr mythisches Vorbild in dieser Handlung war die Elektra. Doch auch wenn es galt, das Grabmal einer Witwe zu ehren, die ihres Gatten nach seinem Tode in Treue gedacht hatte, war die

---

[1] Von einer Vase dieser Form ist ein Fragment erhalten, ein Halsstück mit dem Henkel; abgebildet Lebas, monum. fig. pl. 79, 1. Vgl. v. Sybel Nr. 1532, Friederichs-Wolters Nr. 1092.

Darstellung sinnvoll. Die Pragmatik der Scene, die Frische und klare Durchführung des Motivs nähert diese Denkmäler denen des 5. Jahrhunderts, im Gegensatz zu den allgemeineren Darstellungen aus dem 4., welche ihre Figuren mehr in einem ruhigen Insichbeharren zu zeigen pflegen. Stil und Arbeit der Reliefs von 1 und 2 führen ebenfalls auf die Zeit um 400.

Als die Athener den im Jahre 432 vor Potidaea Gefallenen ihr Denkmal im Kerameikos errichteten, liessen sie ausser dem Epigramm, welches das Loos der ruhmvoll Gestorbenen mit den Worten preist: αἰθὴρ μὲμ ψυχὰς ὑπεδέξατο, σώ[ματα δὲ χθών], auch ein Relief auf die Stele setzen, von dem Fauvel noch eine Zeichnung nehmen konnte; heute ist der Stein um dasselbe verkürzt. Nach Fauvel's Zeichnung beschreibt es Boeckh[1]: *repraesentantur tres bellatores nudi, clypeis rotundis galeisque et hastis armati; in his duo chlamyde ex humero dependente; qui in sinistra adspectanti est jacet humi hasta medii ictus; dexter ab his aversus hastam vibrat ut pugnans.* Das Relief widerstreitet offenbar dem Gedanken, dass die Grabdenkmäler durchgängig die Existenz nach dem Tode darstellen wollen. Der Grieche, welcher betont, dass die Seele des Verstorbenen im lichten Aether wohnt, stellt sich das Dasein desselben als ein gottähnliches Geniessen, nicht als einen Kampf und eine Wiederholung des Lebens vor. Also wollten die Athener durch das Relief nicht auf die Zukunft, sondern auf die Vergangenheit hinweisen, auf das Begebniss, welches eben die Bürger veranlasste, dankbar ihrer Krieger zu gedenken. Aber von diesem Relief sind die übrigen Kampfesdarstellungen auf den Grabstelen, z. B. des Dexileos[2] und des Lisas von Tegea[3] nicht zu trennen. Eben weil er als einer der πέντε ἱππέης bei Korinth gefallen war, wie die Inschrift hervorhebt, ist Dexileos als Reiter im Kampfe wiedergegeben. Ja bei dem Berliner Relieffragment, welches dieselbe Darstellung enthält, fordern uns die Worte, die vom Epigramm erhalten sind, ausdrücklich auf, das Relief als ein Bild von den Heldenthaten des Verstorbenen zu

---

[1] CIG I, p. 906 add. Nr. 170. *Anc. greek inscr. in the Brit. Mus.*, Nr. 37.

[2] v. Sybel Nr. 3312, Friederichs-Wolters Nr. 1005; abgebildet u. a. in v. Sybel's Weltgesch. d. Kunst, p. 215.

[3] Friederichs-Wolters Nr. 1007; abgebildet *bull. de corr. hellén.* IV, Taf. 7.

betrachten. Die Worte lauten bei Kaibel[1], in demjenigen, worauf es hier ankommt, unzweifelhaft richtig ergänzt:

ὑμεῖς δ', ὦ παρίοντες ἐνὶ ξείνοισι γέν]εσθε
μάρτυρες ὅσσ' ἀρετῆς (ο)τῆσα τρόπαια μά[χης.

Es mag ferner in diesem Zusammenhange der Darstellungen auf den Grabsteinen der Banausen gedacht werden, denen im Gegensatz zu den gebildeten Kreisen die Bezeichnung ihres Standes in Wort und Bild am Herzen lag[2]. Bekannt sind derart der Schuster Xanthippos des Britischen Museums[3] und der Erzgiesser Sosinos im Louvre[4]; dazu kommt der Weinhändler Tokkes aus Aphyte[5]; die Schlange, welche Gilliéron an so unnatürlichem Platze in die Abbildung aufnahm, als Milchhöfer die Stele publicirte, erkennt der Erstere jetzt nicht mehr an. Vielleicht gehört hieher auch der von Benndorf gedeutete Pankratiast Agakles[6]. Im Piräus, also an der Küste, wo allein in Attika das Schiffer- oder Fischerhandwerk gedeihen konnte, ist eine Stele gefunden worden, welche von Heydemann gewiss richtig als Schiffer- oder Fischergrabstein gedeutet ist[7]. Sie ist oben bei moderner Benutzung zugerundet, auf ihrer Fläche ist eine Grabamphora, über deren Bauch quer ein Reliefstreifen geht. In der Mitte ein bärtiger Mann nach links sitzend, er reicht einem Jüngling im Himation die Hand, hinter welchem das hintere aufgebogene Ende eines Schiffes und daran die Ruderstange erscheint; auf der andern Seite des Sitzenden, hinter ihm, steht eine Frau in Chiton und Himation, mit der Rechten das Himation vorziehend. Freilich würde man zunächst einen Fischer in seiner Handwerkertracht, in der Exomis erwarten, indessen liegt für den ἀλιοπώλης der Vergleich mit dem

---

[1] Epigr. gr., Nr. 25. Verzeichniss der ant. Sculpt. des Berliner Museums, Nr. 742; abgebildet Arch. Zeitung 1863, Taf. 169.
[2] Vgl. U. Köhler, Ath. Mitth. X, 77 f., dazu Kumanudes ἐπιγρ. p. 453.
[3] Friederichs-Wolters Nr. 1019; ancient marbles X, Taf. 33; Brückner, Ornament und Form der att. Grabstelen, Taf. II, 2.
[4] Fröhner, inscr. gr. du Louvre, Nr. 131; ders., les musées de France, Taf. 9.
[5] Ath. Mitth. 1880, Taf. 6; vgl. Milchhöfer im Text S. 187, Anm. 2.
[6] Anzeiger der phil.-hist. Classe der kais. Akad. der Wissensch. in Wien 1886, Nr. XXII.
[7] Arch. Zeit. 1869, S. 114. Heydemann, Athens Antike Bildwerke Nr. 50; v. Sybel, Nr. 118. Höhe 0,68. Vgl. die Stele der Μέλιττα ἀλοπῶλις Ephem. archaeol. 1884, p. 68.

Xanthippos und dem Sosinos nahe, welche ebenso Feiertagskleidung und -haltung angenommen haben und nur als Atribute die Zeichen ihres Standes neben sich führen. Dass ferner der ausgezeichnet erhaltene Köcher und Bogen auf der Stele eines Getas den Verstorbenen als Σκύθης bezeichnen sollte, ist von Kirchhoff zuerst ausgesprochen worden [1]. Weiter gehört hieher das Bruchstück einer winzigen Stele, auf der mitten unter der Inschrift Καρίω[ν] | χρης[τός] Hinterkopf und Schulterpartie eines Sclaven mit krausem Haar in den Stein eben nur in Contouren [2], aber in gut gezeichneten, ausgeführt sind; er trägt auf dem Rücken einen grossen Sack [3]. Alle von uns besprochenen Grabstelen mit Angabe des Standes können noch in das 5. Jahrhundert hinaufgerückt werden.

Aus dem Angeführten geht hervor, dass die aufgestellte Regel: ‚die Grabdenkmäler wollen von der Existenz des Todten reden‘, so viel Ausnahmen erleidet, dass an ihrer Allgemeingiltigkeit gezweifelt werden muss. Es ergibt sich statt dessen bei der wieder aufgenommenen Prüfung des Materials von Neuem eine mannigfaltige Reihe von Darstellungen des 5. und 4. Jahrhunderts, welche Vorgänge aus dem Leben des Verstorbenen dem Gedächtnisse der Nachwelt bewahren wollen.

Mit besonderer Wärme glaubt Furtwängler dafür eintreten zu können, dass die während des 4. Jahrhunderts am häufigsten wiederkehrende Darstellung der Grabstelen, die Scene der Handreichung, in das Jenseits zu verlegen wäre. Sie dient nach ihm dazu, die dauernde Vereinigung im Elysium oder die Bewillkommnung des eben Verstorbenen durch die früher Abgeschiedenen zu veranschaulichen. Der Gatte, der bei dem Tode seiner Frau sich mit ihr auf ihrem Grabsteine darstellen liess, that das nicht, um auszudrücken, wie sie beide im Leben Hand in Hand gegangen waren, sondern um mit einer eigenthümlichen Prolepsis zu zeigen, wie sie im Tode einander wiedertreffen würden. Am deutlichsten soll der Gedanke auf

---

[1] CIA IV, 2. Heft, Nr. 491, 36.
[2] κατὰ γραφὴν ἐκτετυπωμένος Platon, Sympos. 193 A.
[3] v. Sybel Nr. 2985. Bull. de corr. hellén. II, 368, Nr. 20. Breite des Steines, so weit erhalten 0,18; vollständig mass er circa 0,23. Höhe des Bruchstücks 0,15. Grauer Marmor nach Postolakkas.

dem ältesten Monumente, dem in Aegina gefundenen Untertheil einer Stele, ausgeprägt sein¹. Das Relief stellt eine thronende Frau dar, mit dem Attribute des Apfels auf der linken Hand; die Rechte reicht sie einer stehenden Gestalt in langem Mantel, welche Furtwängler als männlich annimmt, da an ihren Füssen kein Chiton sichtbar ist. Sicher richtig ist die Empfindung, dass die thronende Haltung hinweisen sollte auf die erhöhte Existenz der Verstorbenen. Sie ist keine Figur aus dem täglichen Leben, man wollte sie in steifer Erhabenheit darstellen². Daraus zieht Furtwängler ohneweiteres den Schluss, dass auch die mit ihr im Handschlag vereinigte Figur gestorben sei. Aber die andere Figur ist ein gutes Stück kleiner; es ist das am Abguss deutlicher als in der Abbildung der Athenischen Mittheilungen. Dürfen wir nun, wenn die stehende Figur männlich war³, die Scene wie Furtwängler deuten? Sind die Figuren von verschiedener Proportion noch gleichberechtigte Todte? Ist es neben der thronenden Frau noch eine würdige Darstellung von dem heroischen Wesen des pater familias, wenn der Bildhauer den Mann nicht einmal ganz in den Rahmen seines Reliefs aufgenommen hat? In Wirklichkeit ist gerade das älteste Beispiel der Handreichung der beste Beleg für die Richtigkeit der Deutung, welche in den verwandten Grabreliefs die überlebenden Stifter des Grabmals mit den Verstorbenen verbunden erkennt. Der Aeginet, welcher seiner Frau dieses Grabmal errichtete, wahrte für die Todte in der Grösse ihrer Figur noch das altüberkommene heroische Ansehen, welches rein und ursprünglich in den spartanischen

---

[1] Von Furtwängler, Ath. Mitth. VIII, Taf. 17, 2 publicirt; vgl. Friederichs-Wolters Nr. 91.

[2] Ob auch der Apfel sie schlechthin als der Todtengöttin verwandt bezeichnen sollte, ist freilich weniger sicher, da dies Attribut sich auch findet, wo an diesen Zusammenhang nicht zu denken ist; vgl. die weibliche Statue von der Akropolis: Museen von Athen, Heft II, Taf. IX; eine zweite ähnliche beschrieben von Studniczka, Wochenschr. für class. Philol. 1887, Sp. 765. Auch ob wir in ihm ein Ehesymbol zu erkennen haben, woran Furtwängler Ath. Mitth. VIII, S. 377 dachte, ist nicht auszumachen, da derselbe Apfel in der Hand des Jünglings der böotischen Stele des Gathon und Aristokrates (Ath. Mitth. III, Taf. 15, Friederichs-Wolters Nr. 47) erscheint.

[3] Wolters a. a. O. fasst sie als weiblich.

Heroenstelen hervortritt; aber anstatt zu adoriren, naht er der Frau mit vertraulicher Handreichung: man mag sich daran erinnern, dass selbst Athena einmal einem Sterblichen auf einem Relief, dessen Stil nicht viel jünger ist als das aeginetische, die Hand gibt [1]. Zur gleichen Zeit erkennen wir in dem sogenannten Leukothearelief der Villa Albani [2] denselben Conflict verschiedener Gefühle, die man zu dem Todten hegte, der religiösen Verehrung und der verwandtschaftlichen Liebe, nur dass sozusagen hier die Rollen gewechselt haben. Die kleinen Gestalten im Hintergrunde, die Ueberlebenden, adoriren; aber die Verstorbene [2], zwar in ihrer Mächtigkeit noch deutlich als solche charakterisirt, hat die regungslose Göttlichkeit der spartanischen Heroen aufgegeben und zeigt sich um ihre Familie geschäftig; unter ihrem Sessel steht der Arbeitskorb [3].

Da wir nach dem Gesagten in dem ältesten Relief, welches die Glieder der Familie im Handschlag vereinigt enthält, ein Beisammensein der Verstorbenen nach dem Tode nicht erkennen können, so fallen damit auch diejenigen Deutungen, welche Furtwängler von demselben abhängig gemacht hat.

Auch die von ihm herangezogenen Aeusserungen attischer Schriftsteller des 5. und 4. Jahrhunderts können nicht von der allgemeinen Nothwendigkeit seiner Annahme überzeugen. Wo die Sage ging, dass ein Hades über alle Todten herrsche, und wo verschiedenartige Umstände das Bild seines Reiches allmählig mit milderem Lichte als ursprünglich erfüllten, war es natürlich, dass der Gedanke eines Wiedersehens nach dem Tode da und dort in der Literatur ausgesprochen wurde. Besonders nahe wird er den Theilnehmern der Mysterien gelegen haben. Zuerst mit bitterer Ironie ertönt er im Munde der

---

[1] Schöne, Griech. Rel., Nr. 83. Zu der Hand, welche rechts erscheint, hat sich neuerdings die Figur eines Sitzenden hinzufügen lassen; Friederichs-Wolters, Nr. 117.

[2] Friederichs-Wolters Nr. 243; abgebildet Overbeck, Plastik³ I, S. 175.

[3] Bei der stehenden Figur im Vordergrunde kann man zweifelhaft sein, ob ihre Haltung ceremoniell zu fassen oder ob sie in die familiäre Scene, welche sich im Vordergrunde abspielt, miteingreift. Für die erstere Annahme spricht die Aehnlichkeit der Figur mit einem der Mädchen des thasischen Reliefs im Louvre abgebildet Rayet, *monum. de l'art ant.*, Taf. 20.

Klytämnestra. Dann kehrt er bei Sophokles zweimal wieder.
Plato in der Apologie lässt den Sokrates sich dafür auf τὰ
λεγόμενα berufen. Am Schlusse der Epitaphien fand er seine
Stelle, um durch eine glänzende Aussicht die Leidtragenden,
welche das Grab der gefallenen Krieger umstanden, zu versöhnen.
Ja in einem Falle, bei Hyperides, ist die Form, unter der die
Helden der Vergangenheit die neu ankommenden Genossen
begrüssen, ausdrücklich die δεξίωσις[1]. Und doch entbehren
diese Gedanken der Dichter und Redner des Grades der
Popularität, dass sie in allen Grabmonumenten wieder zu
finden wären. Es bleibt immer am nächsten, für die Deutung
der Grabreliefs an die gleichzeitigen Grabepigramme anzuknüpfen, in denen wohl von den Tugenden und der Liebe,
welche die Verstorbenen mit den Ueberlebenden verband, die
Rede ist, aber in keinem Falle dem Gedanken des Wiedersehens im Hades Worte geliehen ist. Sollte es möglich sein,
dass ein Gatte seiner verstorbenen Frau ein Grabmal setzte,
in dessen Figuren er eine frohe Zuversicht des Wiedersehens
ausdrückte, während er in der Aufschrift nur den Gedanken
der Trennung hegt?

Dass wirklich das Leben im Jenseits Gegenstand der
Grabmäler gewesen ist, dafür fehlt es ja nicht an Belegen.
In naher Beziehung zu den Worten des Sokrates, welcher die
Dichter und Weisen und Heroen der Vorzeit wiederzufinden
hoffte, stand auf dem Grabe des Dichters Theodektes neben
seiner eigenen Statue die des Homer und des Hesiod; ebenso
war Isokrates an seinem Grabtische dargestellt, umgeben von
den Dichtern und seinen Lehrern, darunter Gorgias, der auf die
Himmelskugel sah. Aber die wenigen sicheren Fälle, von
denen wir bisher Kunde haben[2], sind doch wesentlich anderer
Natur als die Masse der Grabreliefs. Auch das einzige Grab-
epigramm, aus dessen Zeilen man schliessen möchte, dass in
dem zugehörigen Relief die vorangegangene mit der folgenden

---

[1] Alles von Furtwängler a. a. O. citirte Stellen: Aesch. Ag. 1514 (Kirch-
hoff), Soph. Oed. R. 1371 ff., Antig. 892 ff., Plato Apolog. 40 c ff., Menex.
247 c. Hyperid. opit. 13 f. (Blass, p. 63 ff.).

[2] Vita X, orat. 837 d, 838 c; vgl. dazu Löscheke, Arch. Zeitung 1884,
p. 95.

Familiengeneration im Bilde vereinigt war[1], bezeichnet insofern einen aussergewöhnlichen Fall, als die Zahl der dort Dargestellten über die in den Grabreliefs des 4. Jahrhunderts vorkommende höchste Ziffer — gewöhnlich drei, in seltenen Fällen und auf Grabvasen vier Erwachsene — hinauszugehen scheint. Immerhin lehren diese Fälle, wie sehr man sich zu hüten hat, nach einem ausschliesslichen Principe, ich meine nicht die ganze Masse der griechischen Grabreliefs, sondern selbst die Darstellungen der attischen Grabsteine einer Periode erklären zu wollen. Es ist durch den attischen Todtencult von vornherein gegeben und ausdrücklich bezeugt wird es durch die Darstellungen der weissen Lekythen, dass die Kinder und Kindeskinder, welche die Grabsteine ihrer Eltern betrachteten, darin ein Bild zu sehen meinten, wie die Seelen ihrer Ahnen, denen sie die Grabspende brachten, weiterlebten. Und die Rücksicht hierauf wird ihre Schatten vorweggeworfen haben, wird namentlich häufig zu einer Verallgemeinerung der Scenen geführt haben, so dass man Leben und Tod in sie hineinlegen konnte. Dass indessen schon bei der Errichtung des Grabmals alle Gestalten als Todte gedacht waren, wird man nach dem, was wir angeführt haben, bestreiten müssen; zur Evidenz lässt sich die Berechtigung unseres Widerspruches für die Scenen der Handreichung an einem Monumente nachweisen, welches nachstehend nach einer Zeichnung abgebildet ist, der es mehr darauf ankommt das Motiv wiederzugeben, als den Stil des Reliefs, welcher eine besondere Würdigung verdient.

Die Stele ist im Piräus im Privatbesitz, das Material ist weisser Marmor, hoch ist sie 0·415, breit 0·265; sie ist gefunden nordwestlich vom Piräus. Oben wird sie durch einen Giebel mit Akroterien breiter Form abgeschlossen. Auf der Stelenfläche ist das Relief über einer Fussleiste; unter dieser ist der Stein abgebrochen. Zwei Kinder schütteln einander die Rechte, ihre Blicke begegnen sich dabei; das Mädchen

---

[1] Kaibel, epigr. gr. 66:

Σῆμα τόδ' Οἰναίου Διονυσίου, τῶν δ' ἔτι πρόσθεν
Πείθωνος πατρὸς οὗ καὶ Φειδίππου τοῦδε θείου
τούτου τῶν τ' ἄλλων, ὧν τύπος εἰκόν' ἔχει.

Inschrift und Relieffragment sind verschollen.

steht fest, der Knabe ist im Schreiten. Ueber ihm steht die Inschrift Νίκανδρος Παρμένοντος recht unsorgfältig ausgeführt; die Enden der Hasten gehen zum Theil keilförmig aus. Der Körper des Nikandros hat noch die weichlichen Formen des Kindes, dem eine straffe Muskelbildung fehlt: ein kurzer Hals, kurze Arme, rundliche Bildung des Leibes, besondere Fülle des hinteren

Contours des rechten Oberschenkels bezeichnen einen Knaben in zartestem Alter. Sein Haar ist kurz, die Unterstirn wölbt sich vor. Ein Mäntelchen liegt leicht auf der linken Schulter auf und ist über den linken Unterarm vorgenommen; die linke Hand des Knaben griff in die Falten. Die Schwester vor ihm ist etwas kleiner. Die Verstümmelung des Kopfes lässt volle runde Formen erkennen, das Haar ist gelegt vom Scheitel aus, unter einer diademartigen breiten Binde quillt es in dichter Masse hervor. Im Gegensatz zu dem Bruder ist das

Mädchen in ein langes, bis zur Erde fallendes Kleid gehüllt, dessen Ueberschlag von gleichem Stoffe ziemlich bis zu den Knieen reicht; kurze Aermel bedecken den Oberarm. In kindlich zierlichem Anstande hebt sie mit der Linken den Saum des Gewandes.

Nikandros ist der Verstorbene; wenn die Schwester bei seinem Tode noch lebte, so wäre nach Furtwängler das Relief mit der Scene der Handreichung ein im Voraus gefertigtes Bild der künftigen Verstorbenen [1]. Für diesen Fall leuchtet die Unmöglichkeit des Satzes ein, denn man müsste aus ihm folgern, dass die Eltern die Erwartung hegten, ihr Töchterchen würde in jungen Jahren dem Bruder ins Jenseits folgen. Anzunehmen aber, dass die Schwester damals schon gestorben und die Ankunft des Nikandros im Elysium dargestellt sei, liegt bei dem Fehlen der Inschrift über dem Mädchen, zumal, wo über dem Kopf des Knaben der Name so augenfällig und gegensätzlich zusammengerückt ist, kein Grund vor. Es ist ein Bild der Kinder, wie sie im Leben waren und wie sie sich haben trennen müssen. Das Handgeben machen die Kinder den Eltern nach, die Bedeutung, welche es für die Kinder hat, sind wir verpflichtet auch bei den Eltern vorauszusetzen, wenigstens für die Zeit dieses Grabmals. Auf den Beginn der hellenistischen Periode führt das besondere Verständniss für den Körper des Kindes und für das altkluge, naive kindliche Wesen, führen die angegebenen Formen der Inschrift im Verein mit anderen stilistischen Erwägungen, welche von der zunächst liegenden Untersuchung ablenken würden, und die an die vorliegende Abbildung anzuknüpfen nicht gerathen sein dürfte, führen ferner auch die Namen Nikanor wie Parmenon, welche beide auf ein Verhältniss der Familie zu Makedonien hinweisen.

Ob wir nun den Handschlag, wie die Einen wollten, in jedem Falle als Abschied, oder wie die Andern, in jedem Falle als situationslosen Ausdruck der Liebe, mit der die Verwandten an einander hingen, oder, wie Furtwängler und Ravaisson sahen, auch als Bewillkommnung zu deuten haben, ist eine Frage, welche einer besonderen Bearbeitung bedarf. Was wir feststellen wollten, ist, dass Belege für die Deutung auf das Weiter-

---

[1] A. a. O. p. 47.

leben der Todten im Elysium im Bereiche der erhaltenen Reliefdarstellungen der attischen Grabstelen und Grabvasen des 5. und 4. Jahrhunderts bisher nicht mit Sicherheit nachgewiesen werden können. Dagegen hat als eines derjenigen Principien, von denen aus die attischen Grabreliefs dieser Epoche erklärt werden müssen, zu gelten, dass man dem gestorbenen Verwandten ein Erinnerungsbild dessen, wie er im Leben der Familie erschienen war, stiftete, ein Princip, auf welches schon die häufigste Bezeichnung des Grabdenkmals, μνῆμα oder μνημεῖον, ungezwungen führt. Diese Sitte liess sich für alle Bevölkerungsschichten von Athen nachweisen, vom gemeinen Sclaven an, welcher als Lastträger im Geschäfte seines Herrn gedient hatte, bis zu dem vornehmen Ritter Dexileos, dessen Familie öffentlichen Denkmälern gleich ihre Grabstätten an der verkehrsreichsten Stelle Athens besass. Also, in einem grossen Theil der attischen Grabreliefs haben wir das attische Leben selbst, kein todesmattes Spiegelbild.

Wir kehren zurück zu der Frage, welche zu unserer Untersuchung den Anlass gab. War von den beiden Grablekythen der Familie des Philurgos B die ältere, dann erschien auf A der Vater oder die Mutter oder die Eltern beide längst verstorben noch einmal mit ihrer Tochter verbunden, und diese Scene war nothwendig in den Hades zu verlegen. Es hat sich gezeigt, dass man zu dieser Annahme nicht berechtigt ist. Also ist A der frühere Grabstein. Ist dies erwiesen, so wissen wir aus dem Vergleiche mit B, dass auf A die Eltern noch leben, und die Scene sich auf der Oberwelt abspielt.

Auf dasselbe Ergebniss führen noch andere Erwägungen. Schwerlich wäre seinem Namen Vatersname und gar Demotikon hinzugefügt, wenn man den Philurgos längere Zeit nach dem Tode im Elysium noch einmal darstellte. Die beiden Lekythen sind mit Bezug auf einander gearbeitet; sie vertragen eine genaue Formenanalyse. Dies zugestanden, geht auch aus der Darstellung hervor, dass A älter ist. In B wallt weiches Greisenhaar in den Nacken des Philurgos hinab, während auf A die straffere Haltung und die Haartracht, welche den Hals freilässt, den Sitzenden als einen noch rüstigen Mann charakterisiren. Die Jahre seit dem Tode der Tochter sind also an der Gestalt des Vaters nicht spurlos vorübergegangen. Auch darin, dass das nachfolgende Geschlecht an *B* anknüpft, indem hier die Namen der Kinder des Philurgos, Phile und Amphinus, eingetragen werden, liegt ein Fingerzeig für die spätere Entstehung dieses Grabsteines. *A* war nur für die Nikarete bestimmt und durch deren Tod veranlasst, *B* wurde zum σῆμα des Grabes sowohl der Eltern wie ihrer übrigen Kinder.

Wir gewinnen aus diesem und den analogen Fällen, insbesondere bei der Betrachtung von *A*, die Thatsache, dass man zu den Reliefs namentlich der Grabvasen unter Umständen Namensbeischriften setzen konnte, ohne die Absicht zu haben, die Träger derselben als todt zu bezeichnen, nur um durch die Inschriften wie auf den gemalten Vasen die Darstellung in allen ihren Theilen zu verdeutlichen. Welches der Verstorbene war, konnte zur Genüge entweder aus der Composition hervorgehen, oder die Inschrift an der Basis der Grabvase gab Aufschluss: die Grabtische der Messenierfamilie bieten hierfür die besten Belege.

Die Paare *DC* und *KL* haben mit einander gemein, dass auf ihnen je dieselben Namen erscheinen. Trotz dieser Uebereinstimmung sind sie nach Entstehung und Deutung scharf von einander zu trennen. *C* und *D* sind deutlich in zeitlichem Abstande eins nach dem andern gearbeitet: einmal ist die Mache der Reliefs verschieden, und zweitens ist nach dem, was Herr Haussoullier die Güte hatte, mitzutheilen, der Sostratides auf *C* mit, auf *D* ohne Bart. Angenommen, die beiden Sostratides sind dieselben und wäre also *D* älter als *C*, so würde daraus, so viel ich sehe, unumgänglich folgen, dass die Träger des Namens Sostratos, welche der Gruppe der Kallynthis und dem Sostratides gegenüber stehen, von einander verschieden waren. Denn es ist kein Grund einzusehen, dass eine Familie zu verschiedenen Zeiten sich in derselben Zusammensetzung verschiedene Denkmäler setzte. In der That scheint es auch die natürliche Annahme zu sein, dass, wo aus der Ungleichzeitigkeit zu folgern ist, dass diese Grabsteine je nach dem Tode eines der Familienmitglieder errichtet sind, derjenige, welcher der übrigen Familie gegenübergestellt wird, wirklich dadurch als der Verstorbene und, sagen wir es nur, als der Abschiednehmende bezeichnet werden sollte.

Anders bei *K* und *L*. Die Vasen sind gleichzeitig, die auf ihnen Dargestellten sind alle vier identisch. Wer der zuerst Verstorbene ist, darüber lassen uns die Reliefs ganz im Unklaren. Sie wollen es auch gar nicht verkünden, bei der Art, wie die Figuren in ihnen an einander gereiht sind. Das eine Mal geben sie das Zusammenhalten der Frauen, das andere Mal das Zusammenhalten der Männer der Familie. So stellt der Bildhauer die Figuren, rein um der Symmetrie willen. Die Darstellungen können nicht räumlich von einander getrennt werden. *C* und *D* und die übrigen besprochenen Vasenpaare mochten auf verschiedene Gräber und Grabtische vertheilt gewesen sein, wie die Lekythen der Messeniermonumente. *K* und *L* müssen auf einer und derselben τραπέζα gestanden haben. Es leuchtet ein, dass in diesem Falle der Handschlag nicht Abschied bedeutet, sondern nur mehr Compositionsmittel ist. Der Grabtisch mit den beiden Vasen ist aus Anlass eines Todesfalls in der Familie, vielleicht auch ohne denselben errichtet, gedacht war er als Grabmal der ganzen Familie. Trug man gleichzeitig bei der Aufstellung und eventuell ersten Benutzung der Grabstätte die Namen aller Familienmitglieder, für welche sie berechnet war, über den Reliefs ein, so war das mit der wohlthuenden attischen Kürze ein Ausdruck für dasselbe, was spätere ausserattische Grabschriften umständlich mit der Formel sagen: ὁ δεῖνα τὸ μνημεῖον κατεσκεύασε ζῶν ἑαυτῷ τε καὶ τῇ γυναικὶ καὶ τοῖς τέκνοις oder ἡ δεῖνα τὸ μνημεῖον κατεσκεύασε τῷ ἰδίῳ ἀνδρὶ καὶ ἑαυτῇ καὶ τοῖς τέκνοις.

Die Errichtung von mehr als einem Denkmal über demselben Grabe ist wohl bezeugt. Ein classischer Beleg sind die πάλαι der Erinna[1]. Gerade zu den Vasen liegt es besonders nahe, zu erinnern, dass auf den Stelen des 5. und 4. Jahrhunderts häufig zwei und drei Gefässe, Lekythen und Alabastra und Grabamphoren, in Relief wiedergegeben werden, Vasen, die gewiss in den Fällen, wo kein Relief auf ihnen sichtbar ist, sämmtlich mit gemalten Darstellungen geschmückt waren. Ein besonders reizvolles Exemplar dieser Art, auf

---

[1] Anthol. Pal. VII, 710 = Bergk, Poet. lyr. gr. III⁴, S. 144. Vgl. Benndorf, Griech. und sicil. Vasenb., S. 32, und was er ebenda Anm. 163 anführt.

welchem alle drei Gefässe, welche die Stele enthielt, mit
Reliefs geziert waren, ist an der Hagia Trias zum Vorschein gekommen[1]. Der Stil ist der schönste des 5. Jahrhunderts. In der Mitte eine Amphora, rechts davon hat sich
noch ein Stück des Fusses einer Lekythos erhalten, zu welcher
die entsprechende links in ganzer Grösse vorhanden ist: auf
den beiden im Relief erhaltenen Vasen sind verschiedene Scenen
aus dem Lebenslauf des Epheben Panaitios Hamaxanteus mit
entzückender Anmuth dargestellt. Auf der grossen Fläche des
Bauches der Grabamphora reicht der bärtige Vater, auf den
Stab gestützt, ins Himation gehüllt, seinem herantretenden
Sohne die Hand. Der trägt den kurzen Chiton und auf dem
Kopfe den Petasos, in der Linken hält er hochaufgerichtet die
beiden Speere, neben ihm ist sein Pferd. Und hinter dem Vater
geht der kleine Bruder des Panaitios, wohlanständig die Rechte
im Himation ἐντός haltend. Auf der Lekythos daneben aber erscheint der Panaitios in jüngeren Jahren: mit reizender Bewegung des schönen nackten Körpers schlägt er hurtig den Reifen.

Dass auch τράπεζαι mit zwei symmetrisch für Grabvasen
angebrachten Basenlöchern sich erhalten haben, ist oben bemerkt worden[2]. Man ist sowohl berechtigt, anzunehmen, dass
die beiden Löcher auf dem Steine so disponirt wurden, um
gleichzeitig durch zwei Vasen eingenommen zu werden, wie
auch die Möglichkeit zuzugeben ist, dass der zweite Platz bei
Errichtung des Grabtisches ausgespart blieb für den Todesfall
eines andern Familienmitgliedes. In weit prächtigerer Weise
steht uns in einziger Erhaltung vor dem athenischen Dipylon
der Fall vor Augen, dass auf eines Mannes Grab zwei Denkmäler sich erheben[3]. Ich meine nicht das vielfach bezeugte
Nebeneinander von Stele und Grabtisch, jene zum Schmucke,
dieser zum Culte des Grabes dienend. Des Agathon von Hera-
klea Name erscheint einmal auf der mächtigen Stele, aus
welcher durch Nachträge allmälig fast ein Stammesregister
seines Geschlechtes geworden ist, und zweitens über dem Naïs-

---

[1] Dort noch in dem Häuschen aufbewahrt 1886. Höhe des Erhaltenen
circa 1,50; beschrieben im *Bull. de corr. hellén.* IV, 339 f.
[2] S. 14, Anm. 2.
[3] Siehe Salinas, *monum. sepolcr.*, Taf. I DEF, dazu S. 13; Curtius und
Kaupert, Atlas von Athen Bl. IV, IV—VI; v. Sybel Nr. 3317, 3319, 3320.

kos, welcher entsprechend dem Naiskos seiner Frau Korallion, der links neben der Stele sich befindet, rechts zu seinem Andenken errichtet worden ist. Im Relief der Korallion ist der, welcher der Sitzenden die Hand reicht, Agathon; rechts in dem ihm gewidmeten Naiskos zeigte das Gemälde seine Gestalt zum andern Male. Ein weiterer Beleg dafür, wie auf verschiedenen Grabsteinen dieselben Personen dargestellt wurden, je wie der Anlass eines Todesfalls in der Familie es mit sich brachte.

Es bleibt noch übrig, mit wenigen Worten auf das Verhältniss von H zu I und EF und G einzugehen. Wie AB und CD scheinen sie durch einen einzelnen Todesfall veranlasst und gelten nur für eines der Familienmitglieder. Die Verwandtschaftsbeziehungen der Dargestellten zu einander zu ermitteln, ist weiter Spielraum und wenig Anhalt vorhanden, da die Inschriften den blossen Namen ohne Patronymikon geben. Bei H schien das Hauptinteresse sich auf Pheidestratos zu richten. Auf I fehlt uns der Name desjenigen, welcher das Pferd führt. Ob er ein anderer Sohn des Antodikos war? Verwickelter scheint die Sache bei EFG, zumal bei der mangelhaften Beschreibung, welche die Ephemeris von G gibt. Eine von vielen Möglichkeiten gibt folgendes Stemma an:

Anthippos vermählt mit Theopropis
|
Simonides vermählt mit Aristonike
|
Anthippos.

Danach könnte G der Grabstein des Grossvaters Anthippos sein, der im Verein mit seiner Frau und seinem Sohne dargestellt wäre. Der Irrthum der Ephemeris, welche den Simonides als Frau beschreibt, liesse sich dadurch erklären, dass dieser damals noch keinen Bart trug. E könnte dann Grabstein der Theopropis sein, welche bei ihrem Sohne in der γυναικωνῖτις von dessen Frau Aristonike Aufnahme gefunden hätte. F könnte aus Anlass des Todes des jüngeren Anthippos errichtet sein; er steht vor seinen Eltern.

A.

Grablekythos im königlichen Museum zu Kopenhagen.

BRUECKNER. Von den griechischen Grabreliefs.

Tafel II.

B.

Grablekythos aus athenischem Privatbesitz.